ESSAI

SUR

L'EUROPE,

ET COUP-D'ŒIL SUR LES ÉPOQUES MÉMORABLES,

PAR M. JODIN.

> Mihi Galba, Otho, Vitellius, nec beneficio, nec injuriâ cogniti.
>
> TACITE.

PARIS,
DELAUNAY, LIBRAIRE,
PALAIS-ROYAL, GALERIES DE BOIS.

1827.

ESSAI

SUR

L'EUROPE,

ET COUP-D'OEIL SUR LES ÉPOQUES MÉMORABLES.

Promenant mes loisirs, mes pensers au hasard,
Sur des objets divers je porte mon regard;
Variant mes tableaux selon ma fantaisie,
Je suis confusément les élans du génie;
Inhabile, indocile aux préceptes de l'art,
La nature inégale emporte mon écart;
Des genres différens oubliant la structure,
Je m'égare à l'essor de ma fougueuse allure;
Roulant avec fracas, impétueux torrent,
Je m'abandonne au cours de mon transport errant:
Dans ses sombres détours tantôt la politique,
Tantôt les mœurs du jour exercent ma critique;
Dans les vastes sujets à mon ardeur offerts,
Je déroule l'histoire, et parcours l'univers.

En grands événemens l'Europe si féconde
A sur elle fixé l'attention du monde.
Naguère belliqueux, son aspect menaçant
Offrait de toutes parts un essaim combattant.
Tous les peuples rivaux, jaloux de vaine gloire,
Se disputaient l'honneur d'une frêle victoire;
Funestes aux vaincus et non moins aux vainqueurs,
De célèbres assauts tristes triomphateurs.
Un spécieux prétexte au pouvoir arbitraire
A servi trop souvent pour allumer la guerre.
Un injuste agresseur à son ambition
Prit la cause des rois et de la nation.
Aux combats désastreux, aux terribles alarmes,
D'une profonde paix ont succédé les charmes.
Pour arrêter le sang, ce fléau des humains,
Il plut de s'entrevoir parmi les souverains;
Et voulant s'éclairer comme les dieux suprêmes,
Juger sans interprète, et voir tout par eux-mêmes.
Cessant de confier les rênes de l'État,
Les intérêts du peuple et ceux du potentat,
A d'intrigans sujets, ministres infidèles,
Qui, loin de les calmer, fomentaient les querelles.
Des peuples et des rois fondant l'heureux salut,
L'autorité d'un chef désormais prévalut;
Les perfides agens, délaissés sans puissance,
Cessèrent de semer la mésintelligence.

Mais ce plan généreux, si sagement basé,
Fut d'un sombre nuage un moment traversé.
De fougueux zélateurs, novateurs téméraires,
D'un système de paix acharnés adversaires,
D'un régime cruel avides partisans,
De ligues, de complots, éternels artisans;
Sous d'équitables lois, sous des règnes tranquilles,
Impatiens vassaux, serviteurs indociles,
Comblés de dignités, de richesses, d'honneurs,
Et toujours murmurant contre leurs bienfaiteurs.
Profondément ingrat, leur cœur lâche et perfide
Grave le seul désir d'une vengeance avide.
Sous un masque trompeur, leur cruelle amitié
Est plus à redouter que leur inimitié;
Du mérite éclatant leur rivalité sombre,
Frémissant de dépit, trame ses coups dans l'ombre.
L'orgueil, l'ambition, leur soif de dominer,
Sur les débris du monde aspirent à régner.
Pourtant graves docteurs, et grands catéchumènes,
Et beaux sentencieux, et fiers énergumènes,
Ces prôneurs fastueux d'honneur et de vertus
N'ont que le vain manteau de tous les attributs.
Se parant du beau nom de la démocratie,
Leur féroce penchant ne tend qu'à l'anarchie;
Leur esprit libéral, semblant tout affranchir,
Sous sa rapace main voudrait tout asservir;

En promesses fardé, leur imposant langage
Couvre de fers dorés un superbe esclavage.
Sous la chute des lois pour lâcher leurs désirs
Et le débordement de leurs honteux plaisirs,
Dans les antres obscurs d'un fluctueux repaire,
Il règne plus d'éclat que de prudent mystère.
L'impétueuse ardeur d'un indompté courroux
Leur ravit l'heureux temps de frapper les grands coups.
Rarement à leurs plans la sagesse préside,
Et dans leur jonction la bonne foi réside.
Moins éclairés que vains, et plus prompts que discrets,
Ils ne possèdent pas l'art des profonds secrets.
Le trouble les unit, l'intérêt les sépare;
Entre les cœurs pervers l'accord parfait est rare,
Et n'étant pas fondé sur un lien sacré,
Le parti de l'impie en est moins assuré.
D'autant plus dangereux dans leur trame coupable,
Qu'ils savent se servir d'un titre respectable,
Couvrant du bien public leur âpre avidité,
Et leur rébellion du nom de liberté.
En secouant le joug du pouvoir légitime,
Ils donnent aux excès les couleurs de l'estime.
Aux prétendus tyrans supposant des forfaits,
En place des abus promettant des bienfaits,
S'arrogeant des héros le noble caractère,
Et de libérateurs, de vengeurs de la terre,

De la foule crédule abusant la candeur.
Si le succès contraire a trompé sa valeur,
Se tenant éloignés à l'abri de l'orage,
Ils la laissent en proie aux revers, à l'outrage;
Emportant leurs trésors, vont, dans d'autres climats,
Jouir paisiblement de leurs fiers attentats.
De moins coupables qu'eux, instrumens de leurs crimes,
Laissés dans la mêlée, en deviennent victimes;
Expiant par l'horreur d'un supplice odieux
L'aveugle confiance aux chefs insidieux.
Des révolutions les funestes vertiges,
Infestant l'univers, propagent leurs vestiges.
Les peuples soulevés méconnaissent les droits,
Bravent les souverains, l'autorité des lois;
Redressant fièrement leurs têtes fourvoyées,
Ils marchent en tumulte enseignes déployées,
Et croissant tous les jours et de nombre et de front,
Chaque pas est marqué par un nouvel affront.
Arborant l'étendard de la guerre civile,
Ils sonnent le tocsin, courant de ville en ville.
Leur horde vagabonde, errant dans les climats,
Se grossit de rebuts et des plus vils soldats,
Des hommes sans aveu dégradés par le crime,
Qui, perdant tout honneur, n'ont plus droit à l'estime,
Qui, ne risquant plus rien dans leurs honteux écarts,
Pour de nouveaux forfaits affrontent les hasards.

Ils vont solliciter dans les cours étrangères,
Et pour se maintenir ils suscitent des guerres;
Osant se réclamer du droit sacré des gens,
Comme persécutés par d'odieux tyrans;
De tous les mécontens appuyant la disgrace;
De tous les attentats justifiant l'audace;
Fourbes insinuans, gracieux embaucheurs,
D'une cause commune ils offrent les faveurs;
Démontrant les attraits d'une ample indépendance,
Et de tous les abus l'heureuse délivrance.

Les écoutera-t-on? obtiendront-ils leurs vœux?
Et le sort des combats tournera-t-il pour eux?
Manifestant du sang la rage meurtrière,
Peuvent-ils s'établir sur la nature entière?
Les fiers dominateurs de cent peuples divers
D'obscurs aventuriers subiront-ils les fers?
Peuvent-ils engloutir dans le fond de l'abîme,
Ces êtres illégaux, le pouvoir légitime?
Et du monde éploré jouiront-ils enfin,
Ces brigands affamés, fléaux du genre humain?
Non : si tout ici-bas était ce qu'il doit être,
Si la seule vertu pouvait agir en maître.
Dans les armes le sort est toujours incertain;
On ignore pour qui tournera le destin;
La cause des méchans assez souvent prospère;
Et le bonheur des bons est rare sur la terre.

Ce qui peut consoler le sage dans ses jours,
Le succès des pervers ne dure pas toujours.
Espérons tout du ciel : la Providence auguste
Sans doute accordera la victoire au plus juste,
Et ne permettra pas le triomphe insolent
D'un ennemi superbe à ses pieds nous foulant.
Puisse l'Être suprême, à nos vœux favorable,
Confondre l'injustice, écraser le coupable,
Pour donner un exemple et terrible et frappant
A quiconque serait et rebelle et tyran !

Au plan des conjurés, à leur désir infame,
Un sujet opportun s'offre dans une trame.
Un peuple, qui long-temps fut fidèle à ses rois,
Fameux par sa valeur, sa piété, ses droits,
D'un injuste agresseur qui repoussa l'outrage,
Et jamais ne courba son front sous l'esclavage,
Doué d'austères mœurs, de noble intégrité;
Sublime, généreux, plein d'intrépidité,
Aujourd'hui perverti par d'affreuses maximes,
Respire la fureur, l'anarchie et les crimes;
Des fausses libertés donnant dans les écarts,
De la terreur sinistre aiguise les poignards.

Des sujets factieux sous un nom tutélaire
S'emparent des soldats, de l'esprit du vulgaire.
Superbes suborneurs d'un peuple mutiné,
Ils plongent dans les fers leur prince détrôné,

De cités en cités le traînent à leur suite,
Des états-généraux errant sous la conduite;
Captif humilié, sous la hache contraint
D'approuver des bourreaux les actes de son seing.
En vain pour sa défense une garde fidèle
En efforts inouïs a signalé son zèle,
Du crime fortuné succombant sous les coups,
Il voit briser l'élan d'un généreux courroux.
De sujets dévoués au serment qui les lie
En vain autour du trône un renfort se rallie,
Épuisé, sans ressource, accablé, sans espoir,
De ses fiers oppresseurs l'État passe au pouvoir.
Le vainqueur inhumain poursuit avec furie
Les débris échappés, fuyant sa barbarie,
Chassés du sol natal, disséminés, épars,
Sur les bords étrangers fondant de toutes parts.
  Justement alarmés de ces périls extrêmes,
Craignant pour leurs États et tremblant pour eux-mêmes
De pareils attentats pour se mettre à couvert,
Et combler sous leurs pas un abîme entr'ouvert,
Les rois se sont ligués, mais c'est pour se défendre
D'audacieux sujets prompts à tout entreprendre,
Que n'arrête nul frein, qu'on ne peut garantir.
Il n'est rien de sacré pour qui veut tout franchir.
  Devenant aux mortels d'un dangereux exemple,
Cette rébellion que l'univers contemple,

Du principe du mal pour arrêter l'accès,
De la contagion les rapides progrès,
Déployant l'appareil de la toute-puissance,
Pour rappeler à l'ordre et sous l'obéissance,
Partout en même temps les signaux sont donnés
De joindre les drapeaux pour les fronts couronnés.
Dociles à leur voix les légions s'assemblent;
Sous leurs pas frémissans l'onde, la terre tremblent;
En marche s'agitant, des escadrons nombreux
Des coursiers animés pressent les flancs poudreux [1].
Dans un ordre imposant s'avance la phalange,
Et près de s'ébranler la colonne se range.
Des sonores clairons résonnent dans les airs,
Du fer resplendissant jaillissent les éclairs.
Pour dissiper l'émeute et les vives alarmes,
On se sert de conseils encor plus que des armes.
Aux peuples abusés représentant leurs torts,
Des indignes meneurs les perfides dehors.
Malgré l'immense poids d'une force imposante,
Et d'un succès certain l'évidence éclatante,
Ces magnanimes rois, prodigues de leurs biens,
Sont avares du sang des braves citoyens.
Aux rebelles sujets armés contre leurs maîtres,
Ingrats à la patrie, aux lois de leurs ancêtres,

1. Hémistiche de Racine dans la mort d'Hippolyte.

Ils présentent la paix, un généreux pardon,
S'ils veulent d'un faux droit faire un noble abandon.
Attendris, ébranlés d'un si touchant langage,
Et sentant de regret expirer leur courage,
Les insurgés sont près d'abjurer leurs sermens;
Mais leurs chefs, arrêtant ces heureux mouvemens,
Ne voulant pas laisser leurs fureurs inutiles [1],
Précipitent ces cœurs confians et faciles,
Et, sans laisser mûrir la suite des débats,
Les entraînent soudain aux chances des combats.
Repaissant leurs esprits de brillantes chimères,
De vaine illusion, de douceurs mensongères,
D'une gloire stérile et d'un faux point d'honneur,
Stimulent leurs cerveaux, enivrent leur ardeur.
Il faut donc se résoudre aux sanglantes batailles,
A la guerre civile arrachant les entrailles;
D'un combat menaçant le rigoureux apprêt
Présente aux spectateurs un formidable aspect.
Des files de guerriers, d'immenses équipages,
D'hostiles étendards couvrent de vastes plages;
De piques et de dards en faisceaux enlacés,
De globes en monceaux les camps sont hérissés.
De terribles soldats le farouche silence,
Se mesure d'un œil, brûlant d'impatience;

1. Vers imité de Voltaire dans la Mort de César.

Et, prêt à se croiser, le glaive étincelant
Va bientôt se rougir dans un ruisseau sanglant;
Là l'airain enflammé, s'échappant avec rage,
Va porter dans les rangs un désastreux ravage;
La guerre déployant ses atroces fureurs,
Offrira le tableau d'un théâtre d'horreurs;
On verra des forfaits, des meurtres effroyables,
Et des pleurs douloureux, et des cris lamentables;
On verra se lutter d'acharnés combattans,
La terre se couvrir de morts et de mourans.

D'un choc impétueux commence le carnage;
On se mêle, on se presse, et d'un égal courage,
Dans l'assaut violent de mille coups lancés,
Les succès tour à tour sont long-temps balancés,
Et fondant à l'envi d'une ardeur furibonde
A travers et l'acier et la foudre qui gronde,
Dans les rangs éclaircis le feu se ranimant,
Redouble les transports d'un vif acharnement,
Des mouvemens divers l'élan se fait connaître,
La honte de céder, la gloire de soumettre,
Et l'agitation d'un différent désir,
Le soin de conserver et la soif d'envahir.

La force et la raison, d'un coup irrésistible,
Ont enfin décidé d'une lutte terrible,
Et les fiers insurgens, malgré tout leur effort,
Sont contraints de céder à leur malheureux sort.

Soudain a disparu la superbe arrogance
Qui semblait défier le ciel dans sa vengeance :
Ils fuyaient à grands pas, ces fougueux ennemis,
Non plus frondeurs altiers, mais humbles et soumis ;
Du plus juste parti la cause est triomphante ;
Et plus persuasive encor que combattante,
Subjugue, par l'effet d'un suprême ascendant,
Les peuples désarmés par le seul sentiment ;
Des vainqueurs généreux l'admirable clémence,
Des sujets égarés pardonnant la licence,
Déplore la fureur des partis inhumains,
Maudissant les auteurs, fallacieux humains.

Ah ! qu'ils sont différens ces monstres sanguinaires,
Ces êtres dépravés, ces ames mercenaires,
De ces guerriers fameux du siècle antérieur,
En mérite, en vertu, d'un ton supérieur,
Ces héros valeureux qui, prodiguant leur vie[1],
Ne la rachetaient point par une perfidie !
Ah ! qu'ils ressemblent mal aux Turenne, aux Villars,
Du pouvoir souverain les plus fermes remparts ;
Malheureux à la cour contre leurs adversaires,
Catinat, Luxembourg n'étaient pas moins sincères ;
Et d'Assas affrontant un trépas généreux,
Au fer des ennemis ne livrait pas des preux :

1. Vers de Racine dans Bajazet

Fidèle aux alliés, en servant la patrie,
Vendôme n'allait point, par une fourberie,
Violer des amis le toit hospitalier,
Appelé dans sa cour, faire un roi prisonnier :
L'honneur seul les guidait au sein de la victoire,
Et le sang des vaincus ne souillait point leur gloire.
La soif de parvenir n'arma jamais leur main
Contre un noble rival du fer d'un assassin ;
Et le vil intérêt, l'amour d'un gain sordide
Ne rendait pas leur cœur du bien d'autrui cupide :
Alors ne tendait pas le but de leurs exploits
A dépouiller la terre, et le peuple, et les rois.
  L'Europe est en ce jour spectatrice immobile
D'une grande querelle, en grands combats fertile ;
Une guerre intestine entre deux nations,
Habitant sur le sol des mêmes régions,
Un peuple secouant le joug de son vainqueur,
D'un tyran importun, d'un superbe oppresseur ;
Et l'autre démontrant son féroce courage ;
Pour le remettre aux fers d'un horrible esclavage ;
Chacun d'eux à l'envi déployant ses efforts,
Par de terribles coups signale ses transports.
Sans trêve, sans quartier, dans sa rage inhumaine,
La guerre entre eux sévit d'une implacable haine ;
D'infortunés captifs sont pour être vendus ;
Et gémir sous les lois de maîtres absolus,

Des mœurs de l'Orient c'est un ancien usage,
Et que n'a point changé sa rudesse sauvage;
La superbe grandeur d'un courage indompté
Garde jusqu'à la mort sa hautaine fierté,
Conservant gravement un stoïque héroïsme,
Brave dans les tourmens l'orgueil du despotisme.
Leur sévère maintien et leur farouche aspect
Inspirent à la fois la crainte et le respect,
Et l'on voit répandu sur leur altier visage
Un air de majesté, sombre, dur et sauvage [1].

Un peuple usurpateur du trône des Césars,
De l'empire du monde et du centre des arts,
Fondant sur sa faiblesse et sur sa décadence
Son despotique état, sa farouche puissance;
Scythes qui font régner, au lieu d'urbanité,
La licence sans frein et la férocité :
Destructeurs orgueilleux, ignorans et barbares,
Des chefs-d'œuvre fameux et des monumens rares;
Sybarites suivant la molle volupté,
Et la polygamie de l'impudicité,
Forbans déprédateurs de la terre et de l'onde,
Pirates enrichis des dépouilles du monde.

Mais, bien dégénéré de l'antique valeur,

1. Imité de Florus, parlant de Marius : *Horrificaverant majestatem*.

Ce peuple tous les jours perdant de sa vigueur,
De l'Europe ignorant la nouvelle tactique,
Et suivant débandé sa fougue frénétique,
Sans ordre, sans méthode, en ses hordes épars,
Prête au bras aguerri le flanc de toutes parts.
Jadis bien différent, quand marchant à la tête
D'un intrépide chef et d'un fameux prophète,
Parcourant en vainqueur les bouts de l'univers,
Il soumettait les rois et les peuples divers;
Quand, repoussant l'effort des terribles croisades,
Écrasant sous ses coups les immenses peuplades,
Altier triomphateur sous le grand Saladin,
Il volait conquérir les rives du Jourdain :
Aux guerres d'Occident, étrangère et passive,
Sa cour ne se tient plus que sur la défensive.
Jadis dans l'Orient, terreur du nom chrétien,
Les chrétiens aujourd'hui sont la terreur du sien.
Dans la profonde paix d'une oisive indolence,
Il opprime en ses murs le faible et l'innocence,
Et d'un sceptre de fer accable sous le faix
Ses malheureux vassaux, plus captifs que sujets.
A l'outrage ajoutant toute la turpitude
Des plus vils traitemens que peut la servitude,
Ce peuple conservant un reste de fierté,
De sa grandeur passée et de sa dignité,
Sans laisser dans les fers abattre son courage,

Lassé de patience et transporté de rage,
Les armes à la main il préfère mourir
A la honte de vivre, à l'affront de servir;
En nombre inférieur, et de force inégale,
Il ne redoute point une lutte fatale,
Voulant s'ensevelir sous leurs derniers débris,
Dans l'abîme avec eux traîner leurs ennemis,
Rendre avec effort l'ame après l'avoir ravie,
Et vendre chèrement leur misérable vie,
Perçant, percés de coups et tombant sur les corps,
Expirer au milieu des mourans et des morts.
Nos héros éprouvant des fortunes diverses,
Quelquefois des succès, plus souvent des traverses,
Par les plus vifs élans de l'intrépidité,
Défendent leur honneur, leurs jours, leur liberté;
Essuyant sur la terre un bizarre caprice,
Ils éprouvent sur l'onde un destin plus propice,
Et laissent incertain encore au monde entier
S'il doit au fier turban céder le casque altier.
Sur la plaine liquide un combat se prépare,
Et surpris dans son sein d'un spectacle si rare,
L'Océan voit flotter sur un mât différent
Le pavillon chrétien, l'étendard du croissant :
Ébranlé par le choc d'une vive assaillance [1],

1. Nouveau mot.

Sur son rival fougueux à son tour il s'élance,
D'un déluge de feu inonde ses vaisseaux,
Les brise, les disperse ou les fond sous les eaux.
Alors le fer en main venant à l'abordage,
Son fier courroux sévit d'un horrible carnage,
D'un superbe ennemi punissant la rigueur,
De sa riche dépouille il demeure vainqueur.
  Mais c'est en vain lutter! s'il faut enfin qu'on tombe.
Tôt ou tard à la force il faut que l'on succombe.
Que peuvent les efforts d'un peuple resserré
Envers un fier essaim contre lui conjuré,
Qui, lassé d'une longue et résistante audace,
En jure entièrement d'exterminer la race?
Dans les cités ordonne un meurtre général,
Contre le droit des gens, au crime déloyal,
Dans un épouvantable et féroce carnage,
Le glaive n'épargnant ni le sexe ni l'âge,
Immole sans pitié de faibles innocens:
Sourd aux larmes, aux cris des tristes habitans;
Aux sauvages pareils, aux affreux cannibales,
Se livrant aux excès des hordes infernales,
Dans le sang se plongeant comme des forcenés,
Sur les corps expirans demeurent acharnés,
Signalant les horreurs de mille barbaries,
Sur les ministres saints portent leurs mains impies:
De la religion le pontife sacré,

Sous le fer assassin expire massacré :
Aux portes du sérail on expose sa tête
Pour servir de trophée et de sanglante fête;
La foule sans effroi contemple ces horreurs,
Et comme accoutumée à de telles fureurs,
Chez un peuple brutal où les mœurs sont féroces,
On suit le mouvement des vengeances atroces;
Vous êtes méconnus, honneur, humanité!
O cri de la nature! êtes-vous écouté?
Est-ce un sujet, grand Dieu! pour punir une offense,
D'égorger son semblable? O l'horrible vengeance!
C'est avoir dépouillé ce qui reste d'humain,
Et du tigre cruel c'est empreindre sa main.
Voilà donc de vos traits, race affreuse et barbare!
O monstres odieux qu'a vomis le Tartare,
Puissiez-vous, expiant vos énormes forfaits,
Du sol que vous souillez disparaître à jamais!
Sur un trône jaloux du pouvoir arbitraire,
Le frère rarement laisse vivre son frère [1];
Et pouvant faire ombrage au sombre potentat,
L'immole aux sûretés du chef et de l'état.
Mais malgré la fierté de son pouvoir suprême,
Le despote parfois est renversé lui-même:
Un sénat son rival en absolu pouvoir,

1. Vers de Racine dans Bajazet.

Quand il veut trop oser brise son encensoir :
Ennemi l'un de l'autre et jaloux de se nuire,
Ces deux corps à l'envi brûlent de se détruire.
Le grand, impérieux, superbe, tout-puissant,
Tient son inférieur sous un joug flétrissant;
Sur une tête vile à ses lois asservie,
Passe, quand il lui plaît, une féroce envie;
D'un sexe libre et fier, adorateur jaloux,
Il l'enferme en tyran sous d'indignes verroux;
Sans briguer ses faveurs, sans chercher à lui plaire,
Il obtient par la force un plaisir tributaire,
Il en fait, spéculant comme d'un vil troupeau,
Un infame trafic sur la terre et sur l'eau.
Le divan fréquemment en désordre s'assemble,
Où sous un maître altier tout fléchit et tout tremble.
Dans un oisif palais au luxe abandonné,
Le soin digne à l'État est rarement donné :
Le monarque souvent endormi dans l'ivresse,
S'abandonne au plaisir d'une lâche mollesse.
D'un sexe corrompu des monstres dégradés,
D'objets voluptueux sont gardiens affidés;
Et de serviles bras, dans de cruels offices,
Dociles instrumens de barbares caprices,
D'un superbe despote offrent à l'abandon
Les jours à la merci du sabre ou du cordon.
Son rival dans les mœurs a moins de barbarie

Se ressentant du sol de l'antique patrie,
Moins bien déchu du rang de ses nobles ayeux,
A lui méconnaissable, il l'est à tous les yeux.
Ces successeurs de Sparte, et d'Argos et d'Athènes,
Près de ces noms fameux ne sont plus qu'ombres vaines;
Près d'un fantôme illustre, il semble un spectre errant,
Qui, timide, s'approche et se traîne en rampant.
Aux titres révérés de leur ancienne histoire,
Aux fastes imposans d'une chaîne de gloire,
Ils ne peuvent offrir que de honteux revers,
Pour trophées opposer que l'empreinte des fers;
Comparant leurs combats aux mâles Thermopyles,
Leurs défaites n'ont pas de si nobles asiles.
En parcourant les lieux où gisent leurs tombeaux,
Ils foulent à leurs pieds la cendre des héros.

L'infortune a des droits à l'humaine assistance.
Le noble dévoûment d'un grand conseil de France
Mérite, pour exemple, à tous d'être cité
Comme un sublime trait de générosité.
Voyant des forcenés poursuivre les victimes,
Des captifs échappés à leurs horribles crimes,
Pour immoler encore à leurs mânes sanglans
Ces débris dispersés, ces restes languissans,
Il offre aux fugitifs sa maison pour asil,
Aux risques d'essuyer un courroux trop subtil;
Et, défendant le droit de l'hospitalité,

Jura qu'il périrait s'il était emporté.
Ce touchant héroïsme, en arrachant des larmes,
Des mains des assaillans faisant tomber les armes,
Suspendit un moment la fureur des partis ;
Mais leurs coups violens ne furent qu'amortis.
  Dans un terrible assaut un siège affreux s'engage,
Où la guerre déploie une nouvelle rage ;
C'est la même valeur : assiégés, assiégeans,
Par des chocs variés, repoussés, repoussans ;
C'est la même fureur : une lutte incroyable
Montre de part et d'autre une haine effroyable.
Emportant les remparts, le vainqueur irrité
Exhale sa vengeance et sa férocité,
Autorise partout le meurtre et le pillage,
Du soldat effréné permet tout à la rage.
On renverse, on détruit, les murs sont saccagés,
Vieillards, femmes, enfans sans égards égorgés ;
Et le reste est vendu de ces tristes victimes.
L'un se donne la mort pour sortir des abîmes ;
Un autre de chagrin expire en ses revers ;
Quelques-uns languissans se traînent dans les fers.
  Menacés sur le bord d'une ruine entière,
Et réduits aux abois d'une affreuse misère,
Ces malheureux proscrits errans et fugitifs,
Et couverts des haillons d'effroyables captifs,
De climats en climats, sur la terre et sur l'onde,

Promènent tristement leur course vagabonde.
Pour dérober au fer de misérables jours,
Des princes implorans les plus humbles secours,
Et de chairs en lambeaux traînant les meurtrissures,
De cadavres hideux les livides figures,
Objets dignes d'horreur et dignes de pitié,
De l'hospitalité réclament l'amitié.

D'une antique grandeur plaidant pour eux la cause,
Pour émouvoir les cœurs, ce grand ressort impose:
Des lettres et des arts qui régnèrent jadis,
Démontrant la splendeur, l'inestimable prix,
Plaignant que le beau sol d'une auguste patrie
Soit foulé sous les pieds d'une âpre barbarie,
Ils rappellent les noms de ces fameux héros
Par leurs rares vertus, leurs insignes travaux :
Le brillant Périclès, le bel Alcibiade,
Le vaillant Chabrias, le sage Miltiade,
Ces sublimes guerriers, ces généreux vainqueurs,
De leurs fiers ennemis l'amour et les terreurs.
Ces lauriers moissonnés dans les champs de la gloire;
Ces triomphes pompeux d'une illustre victoire;
D'un trophée orgueilleux ces combats de renom:
Salamine, Platée et Leuctre et Marathon,
Saisis d'enthousiasme à ces traits magnifiques,
Osant se transporter dans les temps héroïques,
Ils se sentent remplis de la même valeur.

Si la force pouvait répondre à leur grand cœur!
Chaque mortel a droit, quand il est misérable,
A l'aide d'un mortel, fût-il même coupable;
Mais à plus juste titre est fondé son recours,
Quand il est opprimé, qu'on attente à ses jours.
Dans tous les cabinets l'adroite politique
Tient l'Europe en suspens en matière publique.
Chaque état s'observant, inquiet et jaloux,
Redoute d'un voisin le blâme ou le courroux,
Ne veut seul adopter une étrange querelle
Qui partage le monde en un contraire zèle,
Muet, indifférent, promène son regard,
D'un objet délicat sans oser prendre part,
D'un intérêt fondé sur de dures maximes,
D'un égoïsme altier déplorables victimes,
Les malheureux bannis tendent en vain les bras :
L'oreille est sourde aux cris que le cœur n'entend pas.
Des révolutions les surprenans orages,
Des règnes successifs les rapides passages,
Et des trônes mouvans par d'incidens divers,
Tombant et relevés, retombant aux revers,
Quelle vicissitude! et de rien qu'un atome
Dans chaque république et dans chaque royaume;
Et changeant tour-à-tour et de formes et de sort,
Des fers à la fortune, et du naufrage au port;
Des états opposés la différente chance,

Leur élévation, leur triste décadence;
Des empires détruits la restauration,
Des nouveaux rétablis la dissolution.
Un peuple renommé, fameux par ses conquêtes,
Faisant ployer sous lui les plus superbes têtes,
Et des rivaux vaincus reprenant leur vigueur,
Sur sa chute élevés usurpent sa grandeur.
Tel peuple audacieux levait sa tête altière,
Qui, le front humblement couché dans la poussière,
N'ose lever les yeux sur ses anciens lauriers,
Et craint d'effleurer ceux qu'il foulait à ses pieds.
Des précaires pouvoirs les pompes éclipsées,
Des stériles honneurs les palmes renversées,
Idole de l'orgueil, fragile monument,
Colosse fastueux rentrez dans le néant !
Du destin presque tous ont subi l'influence,
Et d'un superbe joug éprouvé la puissance;
Traités diversement avec grace ou rigueur,
Selon qu'à son caprice il plaisait au vainqueur;
Quelques-uns sont changés mais à leur avantage,
En recouvrant leurs droits sont sortis d'esclavage,
Et de serfs qu'ils étaient venant libres vassaux,
Par des maîtres plus doux sont traités en égaux;
Et d'autres, déployant une mâle énergie,
Du sang des ennemis ont vu leur main rougie.
De vains rivaux légués bravant tous les efforts,

Écrasent la fureur de leurs hardis transports.
Les grandes actions, aux fastes de l'histoire,
Sont empreintes du sceau d'une diverse gloire;
Marqués par la nature, ou le jeu des hasards,
De grands événemens ont frappé nos regards;
D'un théâtre fameux ouvrant l'illustre arène,
Des acteurs imposans figurent sur la scène.
Un peuple gai, civil, affable, généreux,
Fier, vif et magnanime, ardent et courageux,
Éclairé du flambeau de vastes connaissances,
Embrasé de l'amour des arts et des sciences,
Illustre et renommé par de fameux exploits,
Qui soumirent l'Europe au pouvoir de ses lois,
Peuple rare, étonnant dans la paix, dans la guerre,
Le premier, le plus grand des peuples de la terre.
D'un royaume naissant, le premier fondateur,
Par de brillans succès signale sa valeur.
Foudroyant les efforts d'une ligue ennemie,
Affermit dans ses mains la fière monarchie.
Heureux dans ces hauts faits, ce sublime guerrier,
Par un acte pieux ceignit le saint laurier.
Dans un temps d'ignorance et d'agreste furie,
A côté des exploits s'assit la barbarie;
Des princes furieux, cruels, dénaturés,
S'arrachent leurs états en des combats outrés.
Dévoré pour régner d'une soif sanguinaire,

Le frère impitoyable égorge un triste frère!
Les désastres sanglans des trônes renversés,
Dans leurs débris flottans languissent dispersés;
D'habiles chefs, formant de nouvelles racines,
Relèvent le vaisseau nageant dans les ruines.
D'un empire croissant, le second fondateur,
Ajoute un nouveau lustre à sa haute grandeur;
Rétablissant les rois, les prélats sur leur siège,
La majesté du trône et des dieux il protège;
Il subjugue, il enchaîne à son vaste pouvoir,
Le nord et le midi rangés dans le devoir;
Maître de l'univers, à ses vœux tout conspire,
Et des Césars éteints il avive l'empire.
Passant dans les bras mous d'un sang dégénéré,
Se fond le vaste empire en son sein déchiré;
Inondant ses états, un essaim de barbares
Ravage les foyers de leurs courses avares;
Loin de les repousser, prenant un libre essor,
On fléchit lâchement, on présente de l'or;
Et ce honteux moyen, loin d'apaiser l'orage,
Augmente leur audace et leur avide rage.
Dans le cours prolongé de règnes sans honneur,
D'actions sans éclat, de princes sans vigueur,
La couronne passa sur un chef plus solide;
Un fier sujet doué d'une audace intrépide,
S'empare du pouvoir, que dans sa faible main,

Ne pourrait soutenir un lâche souverain.
S'il usurpa le sceptre au moins il en fut digne
Par sa haute sagesse et sa valeur insigne.
Un monarque éclairé du céleste flambeau
Vole du saint Sauveur délivrer le tombeau
Contre une nation idolâtre, infidèle.
Dans la guerre sacrée il déploie son zèle;
D'un déplorable sort, la cruelle rigueur,
Aux fers humilians n'abat point son grand cœur;
Il expire humblement, étendu sur la cendre;
Rend l'ame d'un héros, la foi d'un chrétien tendre.
Sous un prince sévère un ordre glorieux,
Faussement accusé d'un complot odieux,
Succombe sous les traits d'adversaires perfides,
De lâches intrigans, de ses trésors avides.
Fièrement il rejette un pardon corrupteur
Par d'indignes aveux flétrissant son honneur;
D'un supplice cruel, sans frémir dans leurs ames,
Ces vaillans chevaliers s'élancent dans les flammes.
De braves citoyens le noble dévoûment,
Désarme du vainqueur le fier ressentiment,
Fatigué d'un long siège, et tenant affamée
Une ville aux abois en ses murs renfermée
A l'ordre menaçant de livrer à ses coups
Les premiers citoyens pour le salut de tous.
Ces héros généreux, nus et chargés de chaînes,

Offrent leurs cous tendus à ses mains inhumaines.
Dans un temps désolé par un fléau vainqueur,
Sortit d'un rang obscur, d'une inspirante ardeur,
Une jeune bergère, une fière héroïne,
Sauvant l'état d'un roi d'une immense ruine;
Terrassant sous ses coups un tourbillon armé,
Sa valeur rend le sceptre au monarque alarmé,
L'honneur de son pays, et la honte ennemie,
D'un horrible trépas éprouve l'infamie.
Un prince généreux sous les drapeaux de Mars,
Restaure en même temps les lettres et les arts.
D'un fameux concurrent, dans sa lutte sublime,
Il sortit moins heureux, plus grand, plus magnanime;
Remuant l'univers, son intrépide ardeur
Soulevait tous les rois contre un altier vainqueur;
Se relevant soudain, plus fier de ses défaites,
Oppose son courage au torrent des conquêtes.
Dans un temps d'anarchie et de trouble et d'orage,
Règne du fanatisme et d'un affreux carnage;
Un grand prince monta sur un trône glissant
Et qui fumait encor d'un monarque sanglant.
Forcé de conquérir un juste privilège
Par la guerre civile et les horreurs d'un siège,
Sa bonté nourrissant de coupables sujets,
Ne venge ses affronts qu'à force de bienfaits.
Dans un siècle fameux, en merveilles fertiles,

En illustres guerriers, en écrivains habiles,
Parut un fier monarque un puissant potentat.
Grand dans le cabinet, et grand dans le combat,
Dans un élan sublime, emporté par la gloire,
Il fait trembler l'Europe au bruit de sa victoire.
La fortune changeant par un cruel retour,
Sa fermeté se montre au milieu de sa cour.
Un peuple sérieux, au maintien fier et grave,
Sobre, chaste, loyal, autant que ferme et grave,
Prodigue de ses dons, de son sang indompté,
Avare de ses droits et de sa liberté,
Quand les dominateurs et les tyrans du monde
Vinrent pour le soumettre à leur grandeur profonde,
Il repousse le choc des fières légions,
Et disperse en fuyant leurs nombreux bataillons.
Succombant à la fin sous une embûche atroce,
L'infame trahison usurpant sur la force,
Il conserva toujours, vaincu mais non réduit,
Un aspect redoutable au vainqueur interdit.
Assailli dans son sein par de fiers adversaires,
De cruels étrangers qui désolaient ses terres,
Dans les monts caverneux réfugiant ses pas,
Il dérobe ses jours aux farouches soldats.
Par des coups merveilleux, son audace inouie
D'un barbare oppresseur écrase la furie;
Consommant ses efforts, son bras victorieux

Arrache son pays à son joug odieux.
  Un monarque savant, digne du nom de sage,
De la paix et des lois fait son doux apanage.
Heureux, si dans son sein des fils traîtres, ingrats,
N'eussent porté le trouble, affectant ses États.
En vain un prince auguste, embrassant sa querelle,
Couronne de succès une cause si belle;
Sans daigner profiter d'un généreux appui,
Ce père, plus que roi, du rang cède l'ennui.
  Une illustre beauté, d'une simple noblesse,
D'un prince jeune, aimable, enflamme la tendresse;
Mais son père, blessé dans l'orgueil souverain,
Outré, sans son aveu d'un hymen clandestin,
A juré d'immoler la tremblante victime.
De lâches courtisans, complaisans de son crime,
Plongent dans un beau sein leurs glaives furieux,
Qui, d'horreur et d'effroi, firent pâlir les cieux.
  Un monarque cruel, farouche, inexorable,
Féroce meurtrier d'une épouse adorable,
Souille l'auguste rang d'exécrables forfaits,
D'horribles cruautés sévit sur ses sujets.
Un prince généreux, d'un sublime courage,
Lui dispute les droits d'un sanglant héritage;
Dans un terrible assaut détrône un furieux,
Et plonge un fer vengeur dans son flanc odieux
  Un fameux potentat, relevant sa puissance,

De vaste continent fonde un empire immense;
Parcourant en vainqueur tous les peuples divers,
Il livre cent combats sur la terre et les mers.
Génie infatigable, audacieux, rapide,
De gloire insatiable, et de triomphe avide,
Tout à coup dégoûté du monde et des grandeurs,
Un cloître ensevelit ses royales splendeurs.
Un auguste étranger, changeant la monarchie,
Dans son ordre interrompt l'antique dynastie.
Un altier prétendant lui dispute ses droits,
Aspire à revêtir la couronne des rois.
Le héros triomphant, comblé du rang suprême,
Abdique, et, malgré lui, reprend le diadème;
Et, d'un nouvel hymen rehaussant son pouvoir,
D'une âpre favorite il détrône l'espoir.
Quand comblant les horreurs d'une perfide guerre,
Fondit dans ses États un vainqueur téméraire,
D'un indigne attentat frémissant de courroux,
Il jure la vengeance ou la mort sous ses coups.
Le peuple, se levant en masses furibondes,
Engloutit ses guerriers dans ses gorges profondes;
Et celui qui domptait l'univers renversé,
Se voit, par un seul peuple, à son tour terrassé.
Montant d'un rang obscur de la grandeur au faîte,
Comme un rapide éclair sillonnant la tempête,
Sur un immense trône un colosse elevé,

Et d'un énorme sceptre en sa main soulevé,
D'un front audacieux, un superbe insulaire
Sur le vaste horizon domine l'hémisphère;
D'une voix imposante et d'un geste éminent
Commande au globe entier à ses genoux ployant.
Embrassant l'univers du circuit de son onde,
Le trident de Neptune est le maître du monde [1].
Des peuples et des rois altier dominateur,
Il voit toute la terre au pied de sa grandeur;
Tel un cèdre orgueilleux, à la cime ondoyante,
Lève au-dessus des ifs sa tête menaçante.
Quel prodige étonnant! un seul peuple sait l'art
D'enchaîner et la terre et la mer à son char.
Dans ses confins bornés une faible puissance
Remplit le monde entier de son pouvoir immense,
Dispose des grandeurs et du sort des États,
Et gouverne les cours de tous les potentats;
Il régit, peu nombreux, des peuples innombrables,
Et, presque sans soldats, des troupes formidables;
Tel un simple berger conduit tout un troupeau
Rien qu'avec sa houlette et son frêle pipeau:
Souvent d'un faible jet les humbles monarchies,
Prenant un fier essor, s'élèvent agrandies;
Tel est sur les esprits son suprême ascendant,

1. Vers imité de Lemierre.

Tant sur les nations il est prépondéránt.
Déployant les ressorts de son vaste génie,
Sa politique habile, en ressource infinie,
Change tous ses desseins et trompe tous les yeux :
Couvrant son cabinet d'un voile ténébreux,
Brillant par leur tactique et leur sage manœuvre,
Ils opèrent dans l'art de surprenans chefs-d'œuvre :
Agresseurs prompts, adroits, souples, ingénieux,
Non moins rétrogradant, rusés, astucieux,
Invincibles marins et flottes indomptables,
La terreur des humains par leurs coups redoutables,
Les peuples abaissés par leurs armes vaincus,
Aux droits qu'ils ont proscrits humblement sont rendus,
Leur immense commerce embrassant les deux mondes,
Exploite ses trésors sur la terre et les ondes.
D'un abîme profond relevant son pouvoir,
Un grand prince jadis signala son savoir,
Sans relâche assailli par des hordes nomades,
Et de force inégale aux immenses peuplades,
Il passe dans leur camp déguisé troubadour,
Et par des chants grossiers charme leur esprit lourd.
Tout à coup étourdis de surprises étranges,
Il lance dans leurs rangs ses terribles phalanges.
Un guerrier redoutable, un fougueux conquérant,
D'une irascible humeur, d'un esprit pétulant,
Choqué des traits railleurs d'un plaisant adversaire,

Tressaille, bouillonnant d'une pâle colère;
Soudain portant la flamme et le fer à la main,
Il réduit tout en poudre en son affreux chemin;
Mais il s'échauffe tant dans l'ardeur du carnage,
Qu'il rend avec la vie une effroyable rage.
Un prince belliqueux, un vaillant paladin,
Vole avec les croisés délivrer le Jourdain,
Marchant au front altier des superbes armées,
Il cueille triomphant les palmes idumées;
Mais par un fédéré déloyal et pervers,
Il est à son retour chargé d'indignes fers;
Mais rompant ses liens, un secours intrépide
Le délivre des mains d'un ennemi perfide.
Un prince magnanime autant que valeureux,
Vainqueur des alliés dans un combat fameux,
Si d'un fier oppresseur il sert la cause injuste,
C'est qu'il plaint le malheur dans une tête auguste.
Cependant qu'il réprime une féroce ardeur,
Arrache une victime à sa noire fureur,
Un illustre captif qui sortit de ses chaînes,
Rétablit et vengea les grandeurs souveraines.
Une fière héroïne, au nom d'un faible époux,
Soutint long-temps sans lui les droits d'un rang jaloux;
Par des succès mêlés balançant la victoire,
Malheureuse souvent, mais toujours avec gloire,
Sa force inépuisable au milieu des revers

Se relève soudain des désastres soufferts :
Succombant à la fin, son courage sublime,
Digne d'un meilleur sort, laisse une haute estime.
Un monarque emporté, bizarre, impérieux,
Étonne l'univers par ses accès fougueux;
Controversiste altier, brouillant le sanctuaire,
Il change tour à tour de secte et de bannière;
Versatile allié, sans scrupules il rompt;
Implacable despote en ses vengeances prompt,
Dans ses caprices vains, dans ses humeurs jalouses,
Immole sans pitié de charmantes épouses.
Une reine célèbre en mérite, en vertu,
Rehausse la splendeur d'un trône combattu,
Abîme sous les eaux la flotte épouvantable
Qu'armait avec fracas un rival redoutable;
Ses états respectés, heureux et florissans,
Illustrèrent son nom par des faits éclatans;
Et son règne eût brillé d'une parfaite gloire
Sans le pur sang des rois qui ternit sa mémoire.
Dans un siècle agité d'un trouble violent,
Poussé par le complot d'un fourbe turbulent,
On vit un roi, déchu par une secte austère,
Essuyer les tourmens d'une rigueur amère.
Vaincu, chargé de fers par un usurpateur,
Tomber sur l'échafaud aux pieds de son vainqueur.
Malgré ses grands forfaits, cet étonnant génie,

En immolant son prince a servi la patrie :
Vicieux citoyen, politique profond,
Il sapa du pouvoir les abus dans le fond;
Et, balançant ses droits, par un juste équilibre,
Dans un corps opposant le peuple devint libre.
Un rebelle du père a répandu le sang,
L'autre proscrit le fils et l'exclut de son rang;
Un faible potentat, détrôné par son gendre,
Voit à l'ambition céder un nœud si tendre :
Il fuit dans le climat d'un monarque étranger,
D'un hôte généreux qui pense le venger;
Mais la triste ineptie et la molle indolence
D'un prince efféminé détruit son espérance;
Tandis que son rival, ardent, impétueux,
Vole dans les combats d'un pas victorieux.
Un prétendant auguste au trône légitime,
En exploits inouis tente un essai sublime;
Son effort impuissant, trahissant sa valeur,
Laisse un rival moins digne, un heureux possesseur.
Errant et fugitif, et proscrit sur la terre,
Obligé de cacher son nom et sa misère,
Il ose à son sujet confier son destin :
Le fils d'un roi demande un asile et du pain!
De son brave parti le noble sacrifice,
Illustre son trépas dans l'horreur du supplice.
L'intrépide sang-froid bravant les échafauds,

Rougit d'un bras molli la hache des bourreaux.
Cette lutte sanglante où succombent les princes,
Fut le ferme salut du peuple et des provinces;
Du despotisme altier écrasant la fierté,
Sur le sceptre en éclats marche la liberté;
A sa voix il s'élève une masse terrible
Qui rendit à son bras une force invincible.
  Dans les antres du nord du plus glaçant frimas,
D'un espace étendu sont de puissans climats,
Qui, sortis du néant des terres confinées,
Des plus brillans états offrent les destinées,
Perçant le voile obscur des nuages épais,
Jaillissant lumineux de ses sombres forêts.
Moskou, jadis inculte, et barbare et sauvage,
Est devenu fécond, poli, savant et sage;
Jadis dans le chaos, c'est le centre des arts,
Et d'informe guerrier c'est le temple de Mars.
  Ses premiers souverains, faibles et débonnaires,
Fléchissaient avilis sous des lois tributaires,
Tandis que leurs sujets, plus courageux, plus fiers,
Secouaient indignés la honte de leurs fers.
Leur effort impuissant, trahissant leur vengeance,
Du despotisme altier retombe en la puissance;
Dans l'étreinte guindés, leurs transports furieux,
Rongeaient en frémissant des liens odieux.
  Un conquérant terrible, un guerrier indomptable,

Écrasant à la fin ce pouvoir redoutable,
D'une lutte acharnée heureux triomphateur,
Rend aux cœurs abattus une ferme vigueur [1] :
Mais despote emporté, sa fougue délirante
Ne connaît point de borne à sa fureur sanglante;
Féroce meurtrier des objets les plus chers,
Son repentir tardif suit ses regrets amers.

Un règne interrompu d'une discorde rare,
Fournit des prétendans d'une espèce bizarre;
Faisant revivre un prince, un fourbe singulier
Leurre les faibles cœurs par un piège grossier;
Un supplice infamant a payé son audace;
Sans que rien l'intimide un autre prend sa place;
La fortune couronne un insensé projet;
Un grand prince outragé brave son vil sujet.

Un mortel étonnant, législateur sublime,
Tire ce grand pays d'un ténébreux abîme :
Des plus graves abus heureux réformateur,
Des plus beaux instituts illustre fondateur,
Pose les fondemens d'un florissant empire,
Que l'Europe étonnée avec envie admire.
Non moins que son génie, employant sa valeur,
L'élève au plus haut rang de gloire, de splendeur,
Il rabaisse l'orgueil d'un rival redoutable

1. Ce vers est imité de Boileau.

Qui voulait usurper un trône respectable;
Renverse le pouvoir d'un fougueux conquérant,
D'un jeune audacieux, d'un courage imprudent:
Sans être enorgueilli d'une illustre victoire,
Le czar l'a fait servir à la plus belle gloire,
A policer les mœurs, restaurer les états,
Non aux triomphes vains des altiers potentats.
Émule de sa gloire, une admirable épouse
Partage les travaux de sa grandeur jalouse;
Par ses rares vertus, par ses charmes vainqueurs,
A son superbe char entraîne tous les cœurs.
Né d'un obscur état, un sujet par lui-même,
S'élève à la faveur, touche le rang suprême:
Ce fier ambitieux gouverne en potentat,
D'un coup d'autorité bouleverse l'état.
Soudain humilié, ce colosse superbe,
Aux pieds de ses rivaux tombe d'un coup acerbe.
A son cruel exil résignant son grand cœur,
D'une profonde paix il goûte la douceur,
Reconnaît le néant des vanités humaines
Et le fragile éclat des grandeurs souveraines.
Une illustre héroïne, à l'éclat du laurier,
Joint les jours fortunés du paisible olivier;
Accueillant les savans, sa main prodigue étale
Les magnifiques dons d'une splendeur royale;
Humaine sans orgueil, grande sans vanité,

D'un front majestueux tempérant la fierté.
Héritier des vertus d'une princesse auguste,
Et non moins éclairé, non moins grand, non moins juste,
Un digne potentat démontre les travaux,
D'un guerrier magnanime et d'un sage héros :
Sage modérateur de la toute-puissance,
Il maintient le pouvoir dans sa juste balance;
Parmi les souverains partie interposant,
Il est le contre-poids d'un but entreprenant;
De l'Europe enchantée et l'amour et l'estime,
Il règne par l'effet d'une vertu sublime.
Pour sauver son pays d'un fléau destructeur,
Une ville engloutie abîme son vainqueur;
D'un immense foyer la flamme dévorante
Jette en longs tourbillons une gerbe brûlante;
Les palais somptueux sur leurs riches lambris
Fument en s'écroulant sous de vastes débris,
Et d'un morne désert l'affreuse solitude
Nourrit des assaillans la sombre inquiétude.
De longs aïeux sortie une auguste maison,
Et d'un rang distingué dans chaque nation
Célèbre par l'éclat d'une antique vaillance,
Et non moins par le sang d'une illustre alliance [1],
Qui long-temps disputa la victoire aux Romains,

1. Bella gerant fortes, tu felix Austria nube.

Et souvent arracha les aigles de leurs mains,
Par des coups vigoureux balançant la fortune,
S'est toujours maintenue en la chance importune;
Humble dans ses succès et ferme en ses revers,
Elle acquit et perdit des royaumes divers,
Succédant aux Césars achève de détruire
De l'occident déchu le formidable empire,
D'humbles mœurs triomphant du luxe dépravé,
Et la mâle vigueur du courage énervé.
  Des fiers états conquis châtiant l'insolence,
Un prince signala sa sévère puissance,
Mordant d'un étranger, en frémissant, le frein,
Ils osent transgresser les lois du suzerain;
Voulant se gouverner par un acte arbitraire,
Expulsent de son siège un prélat trop austère.
Les mutins comprimés expiant leurs écarts
En spectacle honteux sont traînés aux regards.
  La guerre qui troubla la tiare et l'empire,
Humilie un grand roi du plus cruel délire :
Contre le joug altier d'un religieux pas,
Il ose réclamer le droit des potentats.
Le prélat, fulminant un terrible anathème,
Soulève les sujets contre le diadème.
Le prince dépouillé, pour fléchir son courroux,
Vient, humble, suppliant, embrasser ses genoux.
  Après un long débat de guerres intestines,

Des princes s'arrachant le sceptre en ses ruines,
Un héros magnanime, un fondateur pieux
Réunit sous un chef l'état litigieux.
Sa noble ambition, dans son triomphe même,
Modérant sa victoire, orna le rang suprême ;
A maintenir les lois sa haute fermeté
Rendit de son pouvoir le titre respecté.
Dans la religion sa foi vive, sincère,
Offre de piété le modèle exemplaire.
Monté sur un coursier et couvert d'un manteau,
Rencontrant un pasteur se traînant au hameau,
Égaré dans les bois par une affreuse averse,
A la pâle lueur des torrens qu'il traverse,
Il descend, et, pour lui, se dépouillant soudain,
Le conduit humblement les rênes à la main.
  La sagesse éteignit un tribunal terrible,
Invisible, muet, et d'un aspect horrible.
Dans un rocher profond son trépied enterré
Amenait l'innocent coupable torturé.
De cruels meurtriers répandus en grand nombre
Par un ordre secret frappaient, tuaient dans l'ombre.
Dans un morne silence un ministre sanglant
Laissait le fer plongé dans le cœur palpitant.
  Rome vit s'élever un terrible adversaire,
Un fougueux prédicant, ambitieux sectaire,
D'un pontife puissant bravant l'autorité,

Élève un verbe haut, athlète redouté.
L'audacieux frondeur séduit par sa faconde,
Le zélé prosélyte à son autel abonde;
En vain du Vatican tombe sur lui l'éclair,
Ce géant foudroyé se relève plus fier.
  Une secte cruelle, austère, fanatique,
Provoquant le martyre en son zèle cynique,
Armant contre le dais son vain culte proscrit,
Combat le nom chrétien sous l'étendard du Christ.
Une auguste princesse entre leurs mains captive
Paraît avec son fils, suppliante et plaintive;
Leur cœur inexorable et que rien n'attendrit
Maltraite la beauté, l'enfance qui gémit.
Un chef audacieux, un fourbe téméraire,
Allume des relaps la torche incendiaire,
Embrasant son troupeau d'une crédule ardeur,
Il souffle dans leur ame une aveugle fureur;
Confondu dans les rangs d'une déroute pleine,
Il faillit éluder une recherche vaine;
Mais un signe surpris attestant ses complots
Livre sa tête impie aux sanglants échafauds.
  Un seigneur factieux en guerre avec son maître
Tente l'assassinat pour se venger en traître;
Le coup manque; il se fie en un subtil venin :
Feignant de se soumettre il l'invite au festin;
Mais une digne épouse et d'horreur pénétrée

Dessert le noir projet d'une rage égarée;
Aussi cruel époux que perfide vassal,
Il la fait expirer du breuvage fatal.
D'une humble capitale un siège mémorable
Offre à tous les regards un aspect formidable,
Fondant comme un essaim d'immenses armemens,
Menacent les remparts dépourvus d'habitans,
Et la triste cité semblait anéantie
Quand un soudain secours d'une fière sortie
Dissipe sans effort les molles légions,
D'un colosse impuissant fastueux tourbillons.
De fidèles sujets le zèle magnanime
Défendit de ses rois la cause légitime.
Une héroïne a vu dans de fameux combats,
Pour rétablir ses droits, s'armer cent mille bras,
Un peuple généreux signalant son courage,
D'ennemis conjurés triomphant de la rage,
Relève la beauté sur un trône abattu,
Et fait régner l'honneur, la gloire et la vertu.
D'un conquérant superbe assailli par les armes,
Subjugué par l'essor d'invincibles alarmes,
D'un vainqueur arrogant en passant sous les lois,
Il vit perdre soudain le fruit de tant d'exploits,
Et d'un honteux traité subissant l'infamie,
Pour obtenir la paix d'une main ennemie,
Fut contraint de céder, en déchirant son flanc,

La nature éplorée et le cri de son sang ;
Et, malgré tout l'effort d'un dévoûment sublime,
Sacrifiant en vain une auguste victime
A l'hydre renaissant dont le gouffre à la fois
Dévorait les états, les peuples et les rois,
Menaçant d'engloutir le genre humain lui-même
S'il ne s'était détruit dans sa fureur extrême.
Le trône délivré des serres du vautour
Respire librement l'air serein d'un beau jour,
Recouvrant tous les droits d'un antique domaine,
Signale avec bonté la grandeur souveraine,
D'un règne glorieux à tous les potentats,
Régit loyalement ses immenses états.
Voisine de ses bords une altière puissance,
Sa rivale de gloire et de prééminence,
Et presque son égale en pouvoir, en grandeur,
Brille de la clarté d'une vive splendeur ;
Jadis d'une origine et d'un culte barbare,
De Scythes et de Goths assemblage bizarre,
Sans coutumes, sans lois, errans et vagabonds
Sur un sol dévasté dans d'éparses maisons,
Et vivant sans travail de miel, de fruit sauvage,
Ils ignoraient le nœud, le nom du mariage ;
Mais rougissant enfin d'un chaos odieux,
Ils choisissent un chef, vaillant, audacieux,
Réformant les abus d'une masse grossière,

Dans les yeux offusqués il porte la lumière,
Apprend à se ranger sous d'insignes drapeaux,
A s'instruire à la guerre au grand art des héros.
Ces barbares bientôt redoutés par leurs armes
Chez les peuples voisins répandent les alarmes.
Un monarque fameux en vertus éminent
Consomma sa grandeur par son rare talent.
Dans le rapide cours de brillantes conquêtes,
Ce roi inébranlable au milieu des tempêtes
Lutte victorieux contre vingt rois jaloux,
Et de ses fiers rivaux écrase le courroux.
Quand le torrent fougueux qui ravagea le monde
Porta dans ses foyers sa fureur vagabonde,
Entraînés dans sa chute avec tous les pays,
Sur la terre ont erré ses malheureux débris ;
Se relevant soudain du plus rude naufrage,
Il reprit sa fierté, son superbe courage ;
Son front audacieux, son regard imposant,
A l'Europe présente un aspect menaçant.
Un peuple belliqueux dont la fougue intrépide
Volait dans les combats comme un aigle rapide
D'un courage admirable étonne l'univers ;
Par ses fameux exploits et ses nobles revers,
Par des torrens de sang découlant de ses veines,
Du vasselage altier il rompt les lourdes chaînes,
Et le joug fatigant d'impérieux seigneurs

Usant insolemment du fruit de ses sueurs.
  Ses fastes glorieux pleins de traits héroïques,
De valeur, de vertus remplissent les chroniques.
Un guerrier magnanime, au péril de ses jours,
Sauve ceux de son roi par un soudain secours.
Voyant lever le fer sur une tête auguste
Par un fier ennemi d'une taille robuste,
Au-devant de ses coups précipitant ses pas,
Dans sa fureur trompée il plonge le trépas.
  Remarquable en attraits une auguste princesse
Faisait briller l'éclat d'une aimable sagesse,
Aux graces ajoutant une noble pudeur,
Sur ses heureux états régnait avec grandeur.
Épris de ses appas, un monarque barbare
Prétendit à la main d'un objet aussi rare;
Mais choqué du refus d'une altière beauté,
Par la guerre il voulut dompter sa cruauté.
Cette fière héroïne, au lieu de se soumettre
A l'amour délirant d'un vainqueur et d'un maître,
Préférant le trépas aux plus illustres fers,
Court se précipiter dans les profondes mers.
  Dans leur temple investi des vierges consacrées,
En proie à la fureur des bandes égarées,
Dans leur sainte pudeur frémissant d'un affront,
D'un rigoureux acier lacèrent un beau front,
Aux soldats stupéfaits reculant d'épouvante,

Montrent les traits meurtris d'une face sanglante,
Trompant l'avide ardeur d'un œil luxurieux,
Offrent à leurs transports des objets monstrueux.
Chargé d'indignes fers, un monarque bulgare
Reproche ses rigueurs à son tyran barbare,
Qui, d'un brave allié dans un lâche abandon,
Trompe l'humble candeur par une trahison.
Contre ses attentats, le rapt de ses provinces,
Il réclame la foi, le droit sacré des princes.
Ses efforts éloquens ne peuvent le fléchir,
Mais sa mâle fierté du moins le fait rougir.
Resserré dans un fort prêt à réduire en cendre,
Un gouverneur tremblant veut parler de se rendre:
Son épouse intrépide accourt sur les remparts,
A ses yeux interdits présente deux poignards
Pour se percer le sein, le percer à lui-même
S'il ose succomber à sa faiblesse extrême;
Sa noble fermeté ranimant son ardeur,
D'un vigoureux effort repousse le vainqueur.
Un potentat déchu de la pourpre royale,
Dans un pressant danger, fuyant sa capitale,
Déguise sa grandeur sous d'obscurs vêtemens,
Et trompe les regards d'avides poursuivans;
D'un prince magnanime il reçoit un asile;
Loin du fracas des camps il coule un jour tranquille:
Adoré de chacun, qu'il comble de bienfaits,

Il emporte au tombeau les plus justes regrets.
Des sujets factieux foulant l'auguste marque,
Au milieu de sa cour enlèvent leur monarque,
Le traînent tout sanglant entre de vifs coursiers,
Sur des rocs épineux, de raboteux sentiers;
Mais ému de pitié, l'un des chefs le délivre;
Tourmenté de remords, aux juges il se livre:
Moins sensible à l'affront que touché du bienfait,
Ce prince généreux plaide pour son sujet.
En proie aux factions, aux discordes civiles,
Des règnes électifs les querelles stériles
Au fer des ennemis livrèrent ses états;
Tombant au fier pouvoir d'avides potentats,
D'un pays désolé plaignant l'ignominie,
Des chefs ambitieux bravant la tyrannie,
De fermes palatins soulèvent les esprits,
Appellent aux combats les peuples à grands cris;
D'héroïques exploits le sublime courage,
Par le nombre accablé succombe sous la rage:
Les cadavres sanglans, entassés par monceaux,
D'une livide écume empreignent les ruisseaux.
Sur les débris fumans de sa triste patrie,
Un prince signala sa valeur infinie;
Dans un combat sanglant pressé de toutes parts,
Et traversant les rangs sur d'épais étendards,
Pour échapper aux mains d'un ennemi perfide,

Il lance son coursier dans un fleuve rapide,
Et ses braves guerriers, au rivage fatal,
Trouvant, pâle et glacé, l'illustre général,
De douleur et d'effroi versant d'amères larmes,
Éperdus, égarés, abandonnent leurs armes.
Aux froides régions, trois royaumes voisins,
Unis et divisés par différens destins,
Heureux ou malheureux, suivant le choix des princes
Désolant tour à tour, consolant les provinces,
Dans de sauvages mœurs en des siècles grossiers,
Leurs premiers souverains, moins sages que guerriers,
Dominant en tyrans sur des peuples barbares,
Se montraient de leur sang plus prodigues qu'avares;
Les sujets exaltés, plus fiers qu'obéissans,
L'un sur l'autre élevaient des monarques tombans;
Les états orageux, renversant leurs murailles,
Usaient avec fureur de dures représailles.
Fidèle à sa mémoire, un brave serviteur
Venge le sang d'un roi sur un lâche oppresseur :
Dissimulant sa haine, il demande à paraître
Pour prêter le serment à cet indigne maître :
Feignant de rendre hommage au traître souverain,
D'un glaive meurtrier il lui perce le sein :
Mille bras sont levés sur sa tête intrépide;
Il expire joyeux sous leur fer homicide.
Contre des chefs mutins enflammé de courroux,

Un monarque sévit des plus terribles coups;
Cachant le noir projet d'une vengeance affreuse,
Il les égorge au chœur d'une église pompeuse:
Tourmenté de remords, pénétré de regret,
Il marche au temple saint expier son forfait;
Un prélat courageux, l'arrêtant au passage,
Lui reproche le front d'un sacrilège hommage.
D'un état en litige un noble conquérant,
D'un sang séditieux triomphateur prudent,
De ses rivaux altiers, ce vainqueur magnanime
Fait chérir sa clémence et sa vertu sublime.
Déchus de ses faveurs, d'indignes courtisans
Trament contre ses jours de parricides plans:
Déjouant leurs complots par son adroit génie,
Il livre au fer vengeur leur noire perfidie.
Un frère ambitieux, cruel, dénaturé,
Disputant à son frère un trône démembré,
L'attire dans son camp dans l'ardeur d'un faux zèle;
En feignant d'abréger une longue querelle,
Dans les épanchemens d'un aimable festin,
Il découvre le cœur d'un perfide assassin;
Immolant sans pitié la nature éplorée,
Il finit tristement sa carrière abhorrée.
Une reine célèbre en mérite guerrier,
D'un triple diadème orne son front altier:
D'un fameux concurrent sa main victorieuse

Couvre de fiers lauriers sa lutte glorieuse.
Dans l'art de gouverner, son esprit transcendant,
Lui donne dans le monde un suprême ascendant :
Subjuguant tous les cœurs par l'éclat de ses charmes
Autant que ses rivaux par la force des armes.

Un tyran odieux, monstre de cruauté,
Souille d'affreux forfaits le trône ensanglanté ;
Dans le pompeux festin d'une cour splendide,
De l'hospitalité foulant aux pieds l'égide,
Immolant le convive à sa noire fureur,
Transforme un lieu de joie en des scènes d'horreur.

Un prince généreux, d'une insigne vaillance,
Poursuivi par les traits d'une atroce vengeance,
Harangue contre lui ses sujets aux abois,
De tous ses attentats révoltés à la fois ;
Il arrache le sceptre à sa main forcenée ;
Dans une étroite enceinte à jamais enchaînée,
Du peuple et de l'état, heureux libérateur,
Il est proclamé roi d'une commune ardeur.

Un monarque brûlant d'une ardeur martiale,
Rend au trône abaissé la palme triomphale.
D'un courage intrépide, en soldat combattant,
Dans l'affreuse mêlée il expire sanglant.

Malgré les vœux instans du cœur qui l'environne,
Une auguste princesse abdique la couronne,
Préfère la douceur d'un paisible séjour

A la pompe du rang, au faste de la cour.
Un héros indompté, d'une audace guerrière,
S'élance dans le champ d'une illustre carrière,
Renverse sous ses coups d'innombrables soldats,
Humiliant les rois sous l'effort de son bras;
Mais poussant trop avant sa fougue impétueuse,
Il perd tous ses lauriers dans sa course orageuse;
Dans sa témérité, défiant les hasards,
Il trouve le trépas foudroyant les remparts.
Fuyant les fiers exploits, un monarque plus sage
Réprime les abus par son ferme courage;
Son effort généreux lui devient impuissant,
A la fleur de ses jours sous le fer expirant.
Tombant dans le timon d'une main inhabile,
En disgrace soudaine, en discorde fertile,
L'état dépose enfin un fantôme de roi;
A l'orage grondant, cédant avec effroi,
La couronne pesait à sa débile tête,
Il ne sut point prévoir ni parer la tempête:
D'un sommeil engourdi l'apathique langueur
D'un réveil foudroyant accabla sa stupeur.
Appelé par les vœux du peuple et de l'armée,
Un habile étranger, d'illustre renommée,
Prit le sceptre des rois offert à son amour,
Et trahit son pays par un cruel retour.
Un peuple noble et fier, dont la ferme constance

Sut toujours maintenir sa haute indépendance,
Maintint sa liberté contre le nom romain,
Devint son allié, non son esclave vain;
Et, courbé sous le joug de la main féodale,
Le premier arracha sa racine fatale.
Tandis que ses voisins gémissaient dans les fers,
Il fendait librement et les airs et les mers.
Aux oppresseurs du monde arrachant ses frontières,
De ses fiers bataillons déployant les bannières,
D'une digue inondante entourant ses remparts,
Il écarte en respect d'ambitieux regards.
Sous d'habiles héros d'une intrépide audace,
D'avides suzerains il brave la menace,
Repousse les efforts de prétendans altiers,
Disputant ses états dans des chocs meurtriers.
Une race nouvelle accroissant sa puissance,
Signale les exploits d'une fière vaillance;
Redoutable au monarque une imposante cour
Dans sa libre franchise affermit son séjour.

Jouet de la fortune, une princesse aimable
Subit d'hymens divers le caprice incroyable.
Au printemps de ses jours un destin envieux
Lui ravit un époux, un sceptre glorieux;
D'un autre engagement l'amertume odieuse
Lui fait rompre bientôt une chaîne honteuse :
Éprise de l'éclat d'un prince séduisant,

Elle se voit tromper par un perfide amant.
Rencontrant un objet digne de sa tendresse,
Un oncle ambitieux trouble sa douce ivresse;
Contrainte de céder son rang et ses états,
Pour suivre le penchant de ses vœux délicats.
Un prince impétueux, d'une ardeur téméraire,
Montre la fermeté d'un noble caractère,
Fait siéger sur le dais, par des traits inégaux,
Les écarts de l'esprit, les vertus du héros.
Sa justice exemplaire, en sa main vigoureuse,
Écrase du forfait la tête audacieuse;
Mais sa fougue indomptable aux combats désastreux
Lui ravit la lumière en un siège orageux.
Quand l'altier fanatisme, armé d'un front sévère,
Apporta dans ses murs son glaive et son tonnerre,
Il brise les faisceaux d'une cruelle foi,
Qui, loin de faire aimer, fit abhorrer sa loi.
Quand d'un maître hautain un barbare ministre
Déployait la rigueur de son zèle sinistre,
Élevait les bûchers, les échafauds sanglans,
Il abat des chrétiens ces honteux instrumens.
Délivré des tyrans et de leur frénésie,
Un fléau dans son sein déchire la patrie.
La haine des partis ranimant la fureur,
Immole l'innocent aux coups de l'oppresseur.
Poursuivi par l'envie, un vieillard vénérable

Atteste en vain ses droits, sa vie irréprochable;
Pour prix de ses vertus et de ses longs travaux,
Un despote le livre à la main des bourreaux.

Reprenant son essor et sa haute puissance,
Il acquiert dans l'Europe une vaste influence :
Ses armes, son commerce enchaînant le destin,
Le rendit des pays l'arbitre souverain.
Un fameux amiral, en se couvrant de gloire,
D'un conquérant superbe arrête la victoire;
D'une intrépide ardeur sur l'onde combattant,
La foudre le renverse, il meurt en triomphant.

Enivré du succès de ses fières conquêtes,
Son intraitable orgueil attire ses défaites ;
Des rivaux fatigués d'une altière rigueur,
D'un bras désespéré subjuguent leur vainqueur.
L'émule ambition d'une vive tourmente
Détruit des citoyens l'union triomphante.
La sagesse rompue en cruels différends,
Ensanglante les droits des peuples et des grands.
Ces fiers républicains d'une vertu sévère,
Dont le courage altier bravait toute la terre,
Laissant dans leur comptoir endormir leur vigueur,
D'un flegmatique sang promenaient la lenteur.

Quand au trône du monde où son orgueil aspire,
Un soldat l'englobait au gigantesque empire,
Impatient du joug d'un superbe étranger,

Il salua les rois qui vinrent le venger.
Une illustre maison, antique dynastie,
Par le vœu général est alors rétablie;
Héritant des vertus de ses nobles aïeux,
Signale les bienfaits d'un règne précieux.
   Sur les restes sanglans des pouvoirs tyranniques
S'élève dans le nord l'honneur des républiques;
Et, long-temps comprimé, son généreux effort
Éclate tout à coup par un fougueux transport.
Un trait de despotisme exalte son courage:
Mis pour river les fers du plus dur esclavage,
Un lâche gouverneur, fier suppôt des tyrans,
Accablait de rigueurs les tristes habitans;
Et, pour appesantir la verge la plus vile
Par un dernier degré d'abaissement servile,
D'un simulacre vain il exige un salut,
Sous peine de la vie, un dégradant tribut.
Un ferme citoyen, outré d'un tel hommage,
A passé fièrement sans courber son visage;
Il paraît devant lui d'un front audacieux,
D'une mâle vigueur soutenant les aveux,
Bravant avec dédain la mort la plus infame:
Le cri de la nature a seul fléchi son ame.
Contraint, pour les sauver par un cruel jouet,
D'exposer à ses coups les jours d'un cher objet,
La fortune seconde une admirable adresse;

Mais son cœur paternel trahissant sa faiblesse,
Caché sous ses habits découvre un second trait;
Il dit, interrogé, son étrange projet:
« Pour te percer le sein, ô barbare! à toi-même!
« Si mon bras eût failli par un malheur extrême. »
Le tyran furieux le charge de vils fers,
Le traîne à son château par le trajet des mers,
Où l'attend à loisir, dans un profond silence,
D'un malheureux captif une affreuse vengeance;
Mais un triste incident traversant ses désirs,
Vient troubler dans leur cours ses atroces plaisirs.
Soudain sur l'océan un violent orage
D'une effroyable mort présente aux yeux l'image;
Et l'oppresseur tremblant conjure le héros,
Habile nautonnier, de le tirer des flots.
C'est peu quand du danger il a sauvé sa vie,
S'il laissait respirer l'horreur de sa patrie;
Décochant une flèche en son perfide flanc,
Il fait jaillir en l'air ses noirs bouillons de sang.
Le peuple se soulève au signal qu'il implore,
Et de la liberté son trépas est l'aurore.

Sur les bords fortunés du plus riant climat,
Jadis fut le berceau du plus puissant état:
Elles ont disparu ces pompes solennelles,
Qui traînaient à leur char des palmes immortelles.
L'aigle majestueux qui domptait l'univers,

Dans la poudre tombé ne fendait plus les airs.
Le premier souverain du trône de Bizance
Soutint avec honneur l'éclat de sa puissance ;
Joignant un fier empire à celui des Césars,
Il dominait le monde en d'immenses remparts.
Sur les vastes débris d'une longue carrière,
On vit briller encore un rayon de lumière,
D'un reste de vigueur exaltant les transports,
Rendre un dernier soupir avec de grands efforts.
Un auguste monarque, en vertu le plus digne,
Rehausse son pouvoir par sa sagesse insigne ;
Mais l'empire, après lui, déchu de sa grandeur,
Perdit sa majesté, son illustre splendeur.
Peu de ses successeurs suivis de la victoire
De ce grand potentat partagèrent la gloire;
Laissant le flanc ouvert aux terribles fléaux,
L'impéritie attire un déluge de maux.
Des fiers enfans du Nord la sauvage furie
Déchire le beau sol d'une illustre patrie.
Des monarques altiers molestant la fierté,
Dans son débile effort dévaste la cité;
Et vendant à poids d'or une paix odieuse,
Appesantit le joug d'une charge honteuse.
Dans l'espace éloigné surgeant quelque héros
Ressaisit le timon versant dans le cahos.
On vit un grand guerrier, la terreur des Vandales,

Couvrir le nom romain de palmes triomphales,
Pour prix de ses exploits, de son zèle éclatant,
Tomber dans la disgrace, aveugle, mendiant.
Un prince valeureux, libérateur sublime,
Arrache un forcené sur le trône du crime.
Vil soldat parvenu, plébéien grossier,
D'une auguste famille infame meurtrier.
Il paraît comme un dieu pour consoler la terre
Des pleurs que fit couler un monstre sanguinaire.
D'un règne fortuné comblant tous les souhaits,
Il s'illustre à la guerre autant que dans la paix.
Une reine superbe, ambitieuse et vaine,
Se voit précipiter de sa grandeur hautaine.
Bien qu'en sacrifiant à ses cruels projets
La nature importune, et partageant le dais,
Un fourbe usurpateur, de ses trésors avide,
Promet sa liberté par un zèle perfide;
Soudain la dépouillant d'amis et de secours,
Dans un exil affreux plonge ses tristes jours.
Des princes, relevant sa puissance éperdue,
Purgent l'État foulé d'une horde abattue.
D'indignes héritiers, dans leur molle langueur,
Détruisent tout le fruit d'une mâle vigueur.
Un héros, combattant les peuplades sauvages,
Modère le succès de leurs affreux ravages;
Lorsque d'un trépas feint reparut sur les bords

Un terrible adversaire en ses fougueux transports.
Des révolutions bizarres, singulières,
D'un effroyable aspect, sanglantes, meurtrières,
Des princes rétablis tombant dans les revers,
De l'échafaud au trône, au trône dans les fers,
Des règnes surprenans, des fortunes diverses,
Des succès inouïs, d'incroyables traverses,
De belles actions et des crimes affreux,
D'héroïques vertus, des vices odieux.
Démembré chaque jour par de cruelles guerres,
L'empire en ses foyers inondé d'adversaires,
Assailli sans relâche au dedans, au dehors,
Succombe sous le poids d'innombrables efforts;
Déchiré dans son sein par des sectes rivales,
S'épuise divisé par des ligues fatales.
De ce grand corps usé tous les membres épars
Se fondent en lambeaux tombant de toutes parts.
Son dernier roi, luttant contre un prince barbare,
Ensevelit sous lui sa capitale avare.
Gorgés de vils trésors, d'indignes citoyens
A la patrie en pleurs refusent leurs soutiens.
Le vainqueur, furieux d'une rixe sanglante,
Remplit de meurtre affreux la ville ruisselante.
Immolant, à l'aspect de ses tremblans soldats,
Ces lâches déserteurs, ces perfides ingrats.
L'Occident dispersé dans des mains étrangères

Essuya des vainqueurs les caprices précaires;
Maint chef ambitieux, l'un sur l'autre élevé,
Se disputant le prix d'un naufrage achevé.
Ces barbares grossiers couvrent d'ignominie
Le joug impérieux, l'affreuse tyrannie.
Un mélange odieux souille l'illustre sang,
La libre indépendance et la fierté du rang.
Souvent l'État troublé de discorde civile
Appela dans ses murs un étranger docile.
Loin du bras généreux qu'attendent ses revers,
D'avides alliés lui présentent des fers,
Convoitant dans leur proie une immense richesse,
Profitant des langueurs d'une lâche mollesse,
Ces sauvages guerriers, sous le chaume endurcis,
Foulent des fiers palais le fastueux pourpris.
Les peuples, fatigués d'un honteux esclavage,
Retrempent leur grand cœur d'un superbe courage,
Et chacun à l'envi vole à la liberté,
En fière république érigeant sa cité.
On lave dans le sang le trait le plus atroce;
Par un raffinement de cruauté féroce,
Un monstre présentant dans un pompeux festin
La liqueur frissonnante entre le crâne humain.
Sortant de leur stupeur, des villes florissantes
Dressent sur leurs remparts leurs enseignes flottantes;
Et par de grands combats, livrés à leurs rivaux,

Portent à leur pouvoir de terribles assauts.
Des chevaliers ardens, généreux, intrépides,
Sauvent l'état chanceux des pillages avides.
Destructeurs des tyrans, ces valeureux soutiens,
Vengent l'honneur jaloux des pavillons chrétiens.
Un ferme citadin, dans la vive tourmente
De la patrie aux lois d'une tourbe insolente,
Sans pâlir à l'aspect d'un monarque irrité,
Déchire de sa main le plus honteux traité.
De vainqueurs arrogans l'insupportable outrage
D'une ville aux abois réveille le courage.
Un fier peuple, oppressé d'un fardeau révoltant,
S'arme d'un fer vengeur, de rage frémissant.
La foule se grossit, roulant impétueuse,
Porte dans tous les rangs une mort désastreuse;
Et les fiers ennemis, terrassés et confus,
Cèdent, humiliés, leurs vains projets déçus.
Mais vainqueur au dehors, son sein produit des traîtres:
De puissans citoyens et de superbes maîtres
Déchirent la patrie et ruinent l'État
Par leur ambition et leur sanglant débat.
Un grand comte, souillé par le meurtre et le crime,
De tous ses attentats est l'affreuse victime,
Avec ses tristes fils dans la tour enfermé,
Il expire de faim, de rage consumé.
Un père exaspéré, dans sa douleur amère,

Immole un cruel fils meurtrier de son frère;
Et lui montrant sanglant son corps défiguré,
Reconnaît le coupable à son air égaré.
Parmi les traits poignans d'une sombre furie,
On vit fleurir les arts, les lettres, l'industrie;
De ses grands souvenirs sans cesse tourmenté,
Sa gloire lui survit, perdant l'autorité.
Aux profanes grandeurs des dignités mondaines
Des célestes pouvoirs ont succédé les rênes.
Sur un trône divin, des mortels adoré,
Règne dans tout le monde un pontife sacré.
Quand un despote altier, dans son audace impie,
Foulant aux pieds les lois de l'Église envahie,
Vint le glaive à la main, forçant d'augustes lieux,
Arracher un ministre à son zèle pieux,
Ce grand cœur, sans fléchir devant la force inique,
Déploya la fierté d'un courage héroïque;
Un ordre irrévérend, d'un absolu pouvoir,
Somme le chef chrétien de quitter l'encensoir.
Mais dans sa dignité l'apôtre inébranlable
Soutient les droits sacrés d'un trône inviolable;
Dans son honneur jaloux, bravant mille trépas,
Plutôt que d'accéder à de tels attentats.
Les hérauts stupéfaits hésitent à répondre;
Plus juge que captif, il semble les confondre.
A son air imposant, à son sublime aspect,

Ils s'inclinent soudain dans un profond respect;
Lui, reçoit froidement, impassible à l'orage,
Et cet hommage insigne et cet indigne outrage,
Et s'avance à l'exil, bénissant l'Éternel,
Avec le même front qu'il marchait à l'autel.
Un calme fortuné, délivrant l'arche sainte,
Rendit le patriarche à son auguste enceinte;
Et son joyeux troupeau célébrant son retour,
Son triomphe dans Rome en fut le plus beau jour.
A peine respirant sous la loi des bons princes,
On voit se révolter leurs ingrates provinces,
Regrettant les exploits d'un fier usurpateur,
De son règne odieux proclamer la rigueur.
Suivant l'impulsion d'une ardente démence
Les Bouillons frémissans d'une aveugle vengeance,
Dans un rassemblement épars, tumultueux,
Ils ont osé tenter des combats hasardeux.
Sous un poids accablant leur troupe dispersée,
A vu du même coup sa force terrassée;
Et leurs honteux échecs se cachant dans les monts,
Enfouit le fier dépit de leurs pas vagabonds.
Dans un climat nouveau d'une plage lointaine,
Que découvrit l'effort de l'industrie humaine,
Un peuple magnanime, un peuple généreux,
Qui jadis fut foulé d'un esclavage affreux
Lorsqu'une nation, et cruelle et perfide,

Apporta sur ses bords une main homicide.
Avide de son or autant que de son sang,
Ne pouvant s'assouvir en lui perçant le flanc,
De cent bouches à feu vomissant le tonnerre,
Ce fléau destructeur qu'inventa notre guerre,
De ce monde innocent, hélas! trop ignoré,
Et qui fut sans pudeur, sans pitié, massacré;
Ce peuple infortuné sortit de l'ignorance,
Instruit par ses revers et par l'expérience,
Faisant dans tous les arts de rapides progrès,
En tout genre il obtint les plus heureux succès.
Il devint grand guerrier, habile politique,
Connut profondément l'état diplomatique.
Jadis le plus sauvage et le moins cultivé,
Il est le plus civil et le plus relevé;
Jadis le plus fragile, il est le plus solide;
Jadis le plus tremblant, c'est le plus intrépide;
Tel un diamant brut, informe sous la main,
Poli par le travail, étincelle soudain;
Tel un jeune palmier, dans son humble apparence,
Croissant avec vigueur, vers les astres s'élance.
Sortant de son chaos, de l'erreur dégagé,
Il s'affranchit de ceux qui l'avaient outragé;
Et, libre de son joug, de la nuit des ténèbres,
Il vint se mettre au rang des royaumes célèbres.
Son air est imposant, rempli de majesté;

Son visage est empreint d'une douce fierté.
Expert et consommé dans le métier des armes,
Dans l'art de la marine instruit par les alarmes,
Ses drapeaux, triomphans sur la terre et les eaux,
Ont couvert l'Océan de ses nombreux vaisseaux.
Délivré des terreurs qui troublèrent son ame,
Il ne redoute plus ni le fer ni la flamme;
Il connaît aujourd'hui ces bronzes résonnans,
Ces tubes meurtriers, ces globes fulminans,
Ces plombs lancés soudain par un brûlant salpêtre,
Qui vomissent la mort d'un coup rapide et traître.
Bien qu'il pût s'illustrer par de brillans hauts faits,
Il aime à cultiver l'olive de la paix.
A tous les étrangers ouvrant un noble asile,
Aux talens, aux vertus, il offre un champ fertile;
Son sein est devenu de riches boulevards,
Le centre des héros, du commerce et des arts.
  Dévastant l'univers, c'était peu de Bellone,
Le globe fut en proie aux traits de Tisiphone;
De haine et de fureur semant les aiguillons,
La discorde infernale agite ses brandons.
Des révolutions les abus sur la terre
D'un exemple terrible ont instruit l'hémisphère
A quel forfait horrible, à quels emportemens
Entraîne l'anarchie en ses débordemens.
Osant tous les excès, l'esprit d'indépendance

Ne connut plus de borne à l'extrême licence,
Et franchit les liens que pouvaient retenir
Tout respect, tout honneur, tout devoir d'obéir.
La terre alors devint, sous une main marâtre,
De meurtres, de forfaits, un désastreux théâtre;
Et, livrée aux accès d'une noire fureur,
Remplit tout l'univers de carnage et d'horreur.
Dépossédant les rois, une atroce injustice
Ou les chasse en exil, ou les traîne au supplice.
Sans abri d'aucun droit, sans appui, sans secours,
Gémissant en silence, on tremblait pour ses jours.
L'athéisme insensé, détruisant la morale,
Lâcha du vice affreux le révoltant scandale;
Et, bravant la pudeur, et la terre et les cieux,
On se fit gloire encor des crimes odieux.

Malgré l'aspérité des sauvages vertiges,
La terreur de cet âge enfante des prodiges.
L'égalité des rangs et de la liberté,
Produisant la valeur et l'intrépidité,
Assemblage étonnant de vertus et de crimes,
Brillant par de beaux traits, immolant de victimes,
Alliant l'héroïsme avec la cruauté,
Avec l'inimitié la générosité.

Un peuple, subjuguant ses rivaux par les armes,
Jusques en leurs foyers reporte les alarmes;
Et, malgré ses discordes, ses troubles intestins,

Sait se faire estimer, craindre de ses voisins;
Poursuivant en tous lieux sa marche triomphante,
Élève jusqu'aux cieux sa hauteur imposante;
Dompte les factions, subjugue ses rivaux,
Et sort victorieux des plus rudes assauts.
Sur ses drapeaux flottait cette aigle souveraine,
Telle qu'on vit jadis flotter l'aigle romaine.
Pareil à ces héros, ces grands républicains,
Il avait la splendeur des maîtres des humains.
Il parut un mortel pour augmenter son lustre,
Pour orner sa grandeur du rang le plus illustre:
Dignes des fiers Césars, ses exploits éclatans
Égalèrent son nom aux plus grands conquérans.
Heureux, si la vertu, dans sa course guerrière,
Eût marqué tous les pas d'une noble carrière;
S'il eût comblé l'espoir des superbes destins,
Qu'annonça son abord aux regards des humains.
Mais son ambition, d'une audace effrénée,
Dans l'enceinte du monde étouffait enchaînée [1].
A d'immenses désirs égarant ses projets,
Il lassa la fortune, outrageant ses succès;
Il régnait sur les rois: mais était-ce une gloire,
Qu'un triomphe abusif qui ternit la victoire?

1. Imité de Juvénal parlant d'Alexandre :

Qui sibi totum posceret orbem.

En brisant son pouvoir, l'injustice et l'orgueil
Du trône de la terre ont creusé son cercueil.
Attachés à son chef, les destins de l'empire
Suivirent sa ruine et son ardent délire.
Tombant d'un poids massif, ce colosse imposant
Retentit sous ses pas d'un fracas effrayant;
Succombant sous les coups d'une foule innombrable,
Sous l'effort redoublé d'une lutte incroyable;
Mais vendant aux vainqueurs des triomphes amers,
Du saut de sa grandeur tressaillit l'univers.
Ces chocs impétueux d'une subite chance,
Sont moins l'effet du sort que de la Providence.
Dieu permet quelquefois la chute des tyrans
Pour l'exemple du monde et l'effroi des méchans.
  Du spectacle effrayant de ces tragiques scènes,
Le globe n'offre plus les sanglantes arènes.
La paix, adoucissant les farouches humeurs,
Les lettres et les arts en poliçant les mœurs,
Ramena le bonheur, les plaisirs sur la terre,
Qu'alors bouleversaient les foudres de la guerre.
Des chefs-d'œuvre nouveaux, de rares monumens,
Remplacent les exploits des tristes conquérans.
Créer et conserver l'ouvrage du génie [1],
De détruire n'est plus des princes la manie;

1. Vers de M. Raynouard dans les Templiers.

Et la philosophie, en faisant des progrès,
Instruisant les mortels, les esprits par degrés,
Démontrant les abus des conquêtes bizarres,
Abolit ces hauts faits absurdes et barbares,
Où, de sang-froid cruels, sans motifs irrités,
Les hommes, l'un sur l'autre, à coups précipités,
S'élancent pour venger des droits imaginaires,
Les querelles des rois qui leur sont étrangères.
Ah! ne serait-il pas plus juste que les grands
Vidassent de leurs mains entre eux leurs différends,
Que d'exposer ainsi des millions de braves,
D'un égoïsme altier périssant les esclaves.
Admirable aujourd'hui, la justice des lois
Dans un code parfait rassemble tous les droits,
N'est plus, comme jadis, un tortueux dédale,
D'une règle barbare, arbitraire, inégale,
Sans entraves marchant en pleine liberté,
Rendant raison au monde avec célérité,
Son appareil n'est pas une apparence vaine,
Et de tous les délits la vindicte est certaine.
Tous les peuples amis, cessant d'être rivaux,
Et de se déchirer par de sanglans assauts,
Déployant du travail l'activité féconde [1],
De soins industrieux enrichissent le monde,

[1] Le même, ibidem.

Au commerce exploitant d'un libre accès ouvert,
Le globe et l'Océan pleinement sont offerts;
Aux voyageurs, brûlant d'entrer dans la carrière,
Des plus lointains climats s'aplanit la barrière.
L'esprit religieux, dans les cœurs rétabli,
Et de l'impiété le désordre aboli,
Des principes sacrés le solide système
Pour la seule vertu chérit la vertu même;
Par la haine du vice évitant les excès,
Sans la crainte des lois s'abstenant des forfaits,
L'honneur, la probité parlent aux ames braves,
Non comme la terreur aux timides esclaves.
Aux méchans réservés, les supplices, les fers,
N'ont pas, pour les bons cœurs, le besoin d'être offerts.
Dans un ordre divers j'essaie d'entreprendre
Ce qu'il faut éviter, et ce qu'il faut apprendre.
Des peuples et des rois balançant le devoir,
Le premier rend sacré le souverain pouvoir.
Si de la juste voie ils s'écartent peut-être,
Respectable aux sujets n'en est pas moins un maître.
Aux termes de la loi bornant l'autorité,
Un monarque équitable a droit d'être écouté.
Un fidèle sujet, à son prince docile,
Doit conserver sa foi, mais sans être servile.
Si, contraire à l'honneur, un ordre est imposé,
On ne contrevient pas quand il est refusé.

Une image des dieux les rois sont sur la terre,
D'un hommage suprême il faut qu'on la révère;
Et sans vouloir juger leur haute majesté,
Leur arrêt seulement dans le ciel est dicté.
Pour opérer le bien, honorer le mérite [1],
Les rois devraient avoir un pouvoir sans limite,
Et pour faire le mal voir leur sceptre enchaîné.
Si le monde pouvait être ainsi gouverné!
Un prince à ses sujets doit se rendre accessible,
Prêter à leur demande une oreille sensible,
D'une austère grandeur tempérant la fierté [2],
Allier la douceur avec la fermeté.
Les peuples, pour les rois pleins d'un zèle sincère,
Sans espoir de retour, sans calcul de salaire,
Doivent, dans la disgrace ainsi qu'en la faveur,
Montrer à les servir toujours la même ardeur.
En séparant l'abus d'une morgue hautaine
De l'humble abjection la grandeur souveraine,
Les peuples et les rois l'un pour l'autre sont faits,
Pour être égaux en droit, en amitié parfaits.

Un funeste travers, né d'une erreur profonde,
Manquant à son bonheur, trouble la paix du monde.
Les esprits, partagés dans leur opinion,

1. Idée de Fénélon dans Télémaque.
2. Vers du P. du Cerceau.

De l'ordre social renversent l'union.
Le trouble, la discorde, agitent les familles,
Les pères et les fils, les mères et les filles.
De peur de se heurter dans un contraire avis,
On n'ose plus se voir, visiter ses amis.
Couvrant le monde entier, une sombre tristesse
A remplacé les jeux, les ris et l'allégresse.
Tremblant d'être suspect, le sage, qu'on poursuit,
Dans un morne silence en sa retraite fuit;
Et chaque citoyen, devenu politique,
Discourant à loisir sur la chose publique,
Lui donne des leçons, prescrivant son devoir;
Et, toujours empressé de parler sans savoir,
Erre dans les replis d'un profond ministère,
Et, sur les versions du plus long commentaire;
Un schisme, répandu dans la société,
Empoisonne les camps, les champs et la cité;
Et, d'un ton empesé dissertant sur la phrase,
Des affaires du temps on tranche avec emphase.
D'une ardeur virulente à la thèse acharné,
Dans la discussion on semble forcené.
L'opinion d'Etat, devenant un système,
Parmi tous les partis est poussée à l'extrême;
Obstiné dans sa haine, outré dans son amour,
C'est un point inflexible à jamais sans retour.
L'un met par-dessus tout le républicanisme,

L'autre exclusivement vante le royalisme,
Dans son sens on abonde, et qui pense autrement
Est ennemi public, un perfide, un méchant;
Comme si l'on ne peut, dans un avis contraire,
Avoir pour son pays la tendresse moins chère.
Quel mortel assez vain oserait, dans son cœur,
Se flatter d'être exempt de faiblesse et d'erreur.
Les ultralibéraux, les ultraroyalistes,
Et les mous complaisans, les altiers rigoristes,
Les extrêmes dans tout sont toujours dangereux,
En outrant les vertus font des vices affreux.
Eh! ne vaut-il pas mieux une humble obéissance,
Que ces réflexions, de fière intolérance;
Et, sans tant se confondre en vain raisonnement,
Se soumettre sans bruit sous un gouvernement.
Eh! qui peut pénétrer cette occulte science,
Dont la diplomatie a seule connaissance?
Seront-ce des journaux, déguisés et menteurs,
Qui dans l'obscurité jetteront des lueurs?
Ce qu'à trouver chacun s'évertue et s'escrime,
Se perd dans le chaos d'un ténébreux abîme.
Là se terminent donc ces débats fastueux,
Sans être plus savant, sinon en songe creux.
De quoi vous mêlez-vous, pauvres sots que vous êtes?
Laissez gronder en paix les publiques tempêtes.
Vous a-t-on confié les rênes de l'État?

Vous a-t-on établis juges de potentat?
Sans plus vous intriguer, sans discuter les chances,
Sachez uniquement céder aux circonstances.
Obéissez aux lois, sans évoquer le sort;
Et, téméraire altier, faites moins l'esprit fort.
Nous, toujours de l'honneur suivons la route austère;
Sa règle n'est pas mixte, et jamais ne diffère.
On n'est pas équivoque en noble sentiment;
On peut être honnête homme, en avis différent.
Dans un siècle exalté de doctrines savantes,
De mots sentencieux, d'opinions frondantes,
En matière d'Etat le discours aux budgets
Est bien moins retenu qu'à la chaire, au palais.
Assiégée en ses bancs d'une foule importune,
D'un bruit tumultueux s'agite la tribune.
Traitant de fiers objets, le verbe pétulant
Est plus fastidieux parfois qu'intéressant.
Le langage en grands mots, plus qu'en grands effets large,
De l'État obéré n'allège point la charge.
Aspirant aux emplois, le désir intrigant
De l'intérêt commun se pare insolemment.
Le vouloir inconstant et les clameurs fréquentes
Soit pour diminuer, pour augmenter les rentes,
Et touchant des abus le principe fatal,
Le remède souvent est pire que le mal.
Si l'on vient agiter ou la paix ou la guerre,

Moins rival généreux, que fougueux adversaire,
Maint collègue hautain, impatient et prompt,
D'un brusque mouvement, sans égard, s'interrompt.
Et, sans conclure rien de l'objet qu'on propose,
Tout se passe en débats étrangers à la chose.
L'un émet un conseil qui n'est pas de saison,
Ou, dans ses vains écarts qui choquent la raison
L'autre d'un démenti rembarrant ses mesures,
Sauf un meilleur avis se répand en injures.
Embrassant le parti du fiel et de l'aigreur,
Chacun se contredit d'une égale fureur;
Abusant de la loi qui permet ce délire,
Et ne remplissant pas le but qu'elle désire,
Réclamant des patrons, d'utiles défenseurs,
Non de vains champions, de fiers déclamateurs.
En vain pour son pays on étale son zèle,
S'il est le fruit amer d'une affreuse querelle;
Si l'on ne veut garder, dans un auguste lieu,
Un esprit modéré dans un sage milieu;
Si le choc violent, la triste dissidence
Du bonheur général trahissent l'espérance;
Si l'on ne chérit pas d'un concours radieux
La justice, les lois, la patrie et les Dieux.

Tel est l'essai confus de mes vagues idées,
Prises d'un léger saut, sans luxe accommodées.
A de faibles lauriers si j'aspire en rimant,

C'est [illegible]
Sur de grands intérêts si ma bouche prononce,
Ce n'est pas un oracle aux mortels que j'annonce.
Je puis, sans coloris, errer sans profondeur,
Et ne pas du sujet répondre à la hauteur,
Dans mes vers vagabonds, ma démarche incertaine
Suit le premier penchant de l'objet qui l'entraîne.
D'une plus forte voix un autre pourrait mieux
Célébrer la vertu, les exploits glorieux.

[illegible]

www.ingramcontent.com/pod-product-compliance
Lightning Source LLC
LaVergne TN
LVHW020446230826
846091LV00004B/1568

* 9 7 8 2 0 1 3 5 9 5 9 7 1 *